Impressum
Verlag: BABADADA GmbH, Nedderfeld 112 , 22529 Hamburg
Geschäftsführer / Verlagsleitung: Harald Hof
Druck: Books on Demand GmbH, In de Tarpen 42, 22848 Norderstedt

Imprint
Publisher: BABADADA GmbH, Nedderfeld 112 , 22529 Hamburg, Germany
Managing Director / Publishing direction: Harald Hof
Print: Books on Demand GmbH, In de Tarpen 42, 22848 Norderstedt, Germany

المدرسة

escola

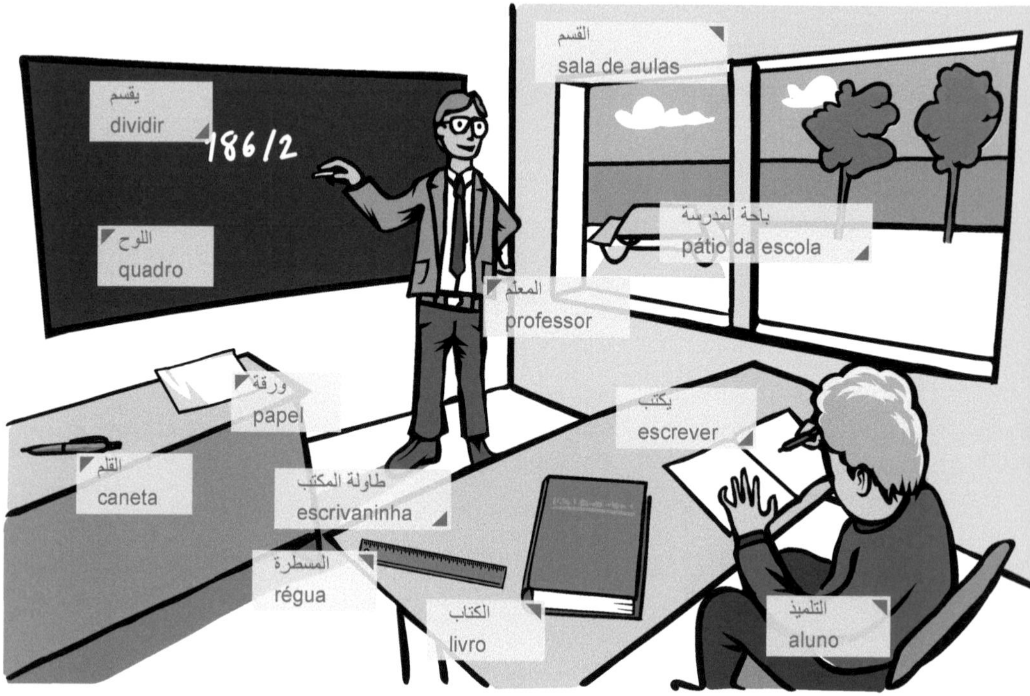
القسم
sala de aulas
يقسم
dividir
186/2
اللوح
quadro
باحة المدرسة
pátio da escola
المعلّم
professor
ورقة
papel
يكتب
escrever
القلم
caneta
طاولة المكتب
escrivaninha
المسطرة
régua
الكتاب
livro
التلميذ
aluno

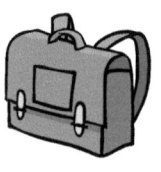

الحقيبة المدرسية

sacola

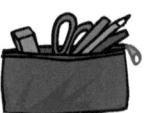

المقلمة

estojo de lápis

قلم الرصاص

lápis

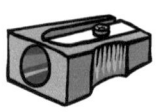

البرّاية

apontador de lápis

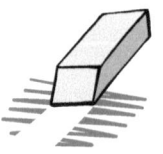

المِمحاة

borracha

دفتر الرسم

bloco de desenho

الرسمة

desenho

الفرشاة

pincel

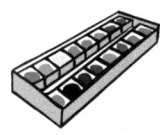

علبة التلوين

estojo de tintas

المقص

tesoura

المادة اللاصقة

cola

دفتر التمارين

livro de exercícios

الواجب المدرسي

lição de casa

الرقم

número

يجمع

somar

يطرح

subtrair

يضرب

multiplicar

يحسب

calcular

A

الحرف

letra

ABCDEFG HIJKLMN OPQRSTU VWXYZ

الأبجدية

alfabeto

كلمة

palavra

النص

texto

يقرأ

ler

الطبشور

giz

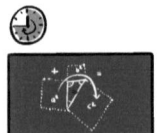

الحصة

hora

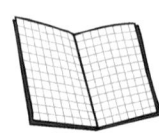

دفتر الدوام المدرسي

registro da classe

الامتحان

exame

شهادة

certificado

اللباس المدرسي

uniforme escolar

التعليم

educação

الموسوعة

enciclopédia

الجامعة

universidade

المجهر

microscópio

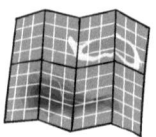

الخريطة

mapa

قماما

cesto de lixo

سفر

viagem

Grand
فندق
hotel
بيت الشباب
albergue
ROOMS
مكتب صرافة
casa de câmbio
حقيبة
mala
سيارة
carro

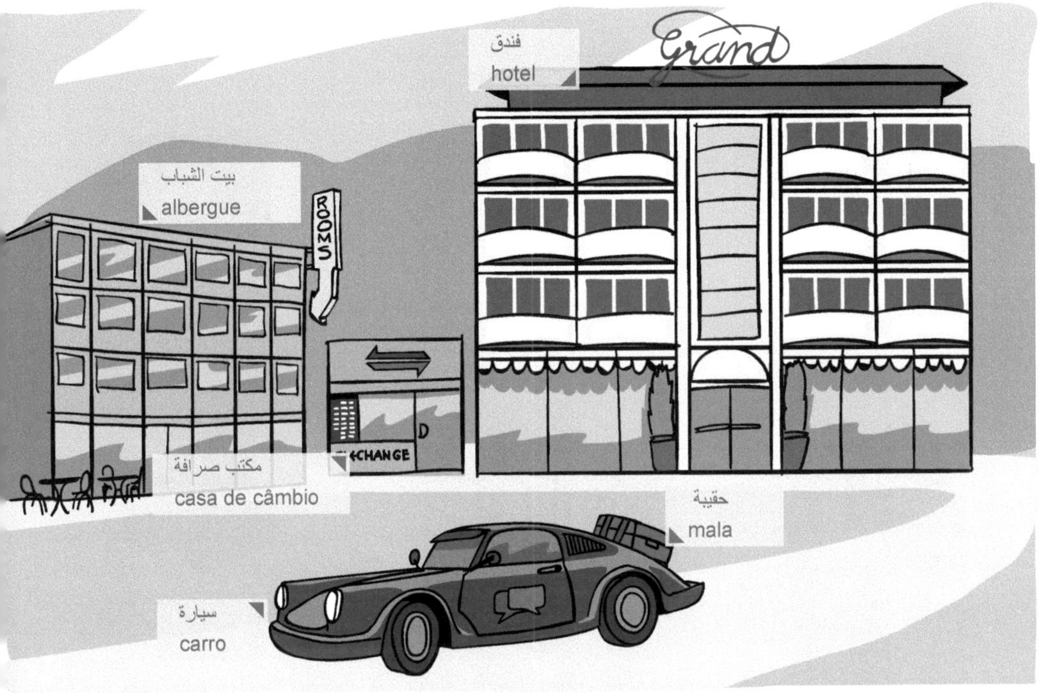

اللغة

idioma

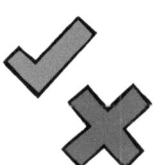

نعم / لا

sim / não

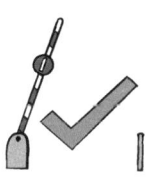

حسناً

ok

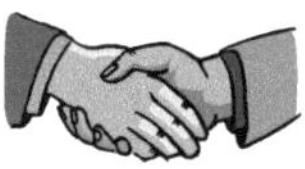

مرحباً

Olá

مترجم

tradutor

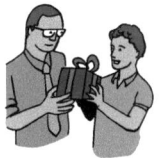

شكراً

obrigado

كم ثمن ... ؟

quanto custa...?

لا أفهم

eu não entendo

مشكلة

problema

مساء الخير

boa noite!

صباح الخير!

Bom dia!

ليلة سعيدة

Boa noite!

إلى اللقاء

até logo

اتجاه

direção

أمتعة السفر

bagagem

حقيبة

bolsa

حقيبة ظهر

mochila

ضيف

convidado

غرفة

quarto

كيس للنوم

saco de dormir

خيمة

barraca

استعلامات سياحية

informação turística

شاطئ

praia

بطاقة ائتمان

cartão de crédito

إفطار

café da manhã

طعام الغداء

almoço

العشاء

jantar

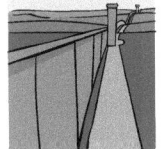

بطاقة سفر

bilhete

مصعد

elevador

طابع بريدي

selo

حدود

fronteira

الجمارك

alfândega

سفارة

embaixada

تأشيرة

visto

جواز سفر

passaporte

transporte

طائرة
avião

سفينة
navio

سيارة إطفاء
carro de bombeiros

حافلة
ônibus

سيارة شاحنة
caminhão

زورق آلي
barco a motor

دراجة
bicicleta

سيارة
carro

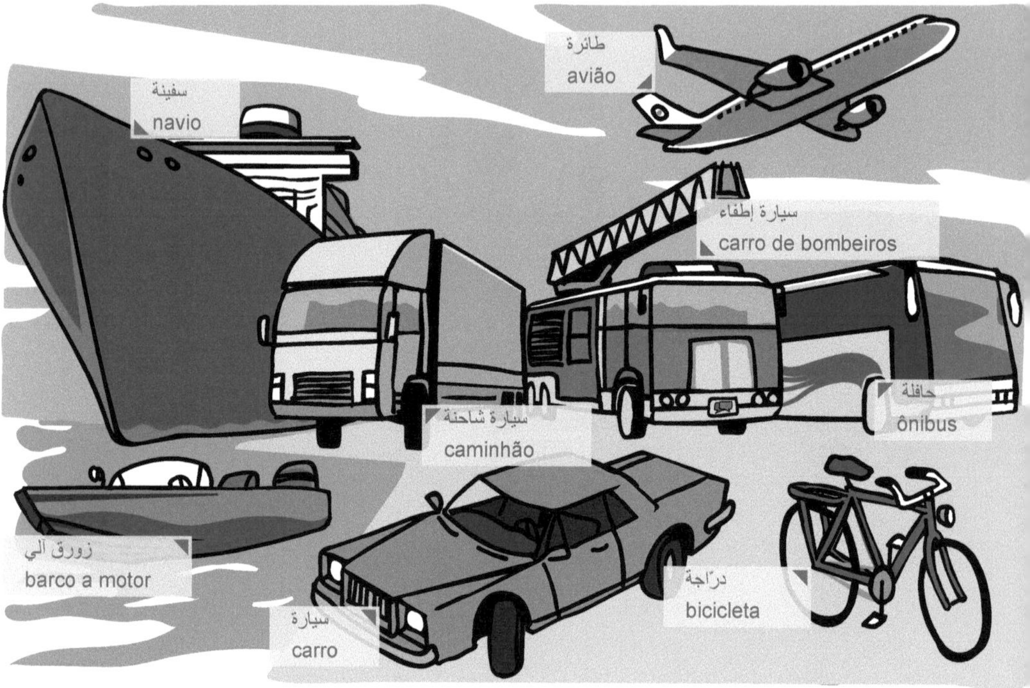

عبارة
balsa

قارب
barco

دراجة نارية
motocicleta

سيارة شرطة
veículo policial

سيارة سباق
carro de corrida

سيارة مستأجرة
carro de aluguel

أسلوب تشاركي في استئجار السيارات

compartilhamento de automóvel

سيارة للجر

caminhão de reboque

سيارة نقل القمامة

caminhão de lixo

محرك

motor

وقود

combustível

محطة وقود

posto de gasolina

إشارة مرور

placa de trânsito

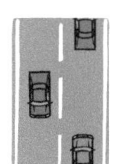

حركة السير

trânsito

ازدحام سير

trânsito lento

موقف سيارات

estacionamento

محطة قطار

estação de trem

سكك حديدية

trilhos

قطار

trem

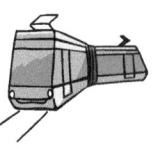

ترام

bonde

عربة قطار

vagão

طائرة مروحية

helicóptero

مطار

aeroporto

برج

torre

مسافر

passageiro

حاوية

contêiner

علبة كرتون

cartolina

عربَة يد

carroça

سلّة

cesto

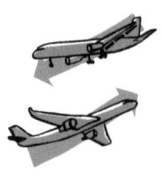

يقلع / يهبط

decolar / pousar

مدينة

cidade

قرية

vilarejo

مركز المدينة

centro da cidade

بيت

casa

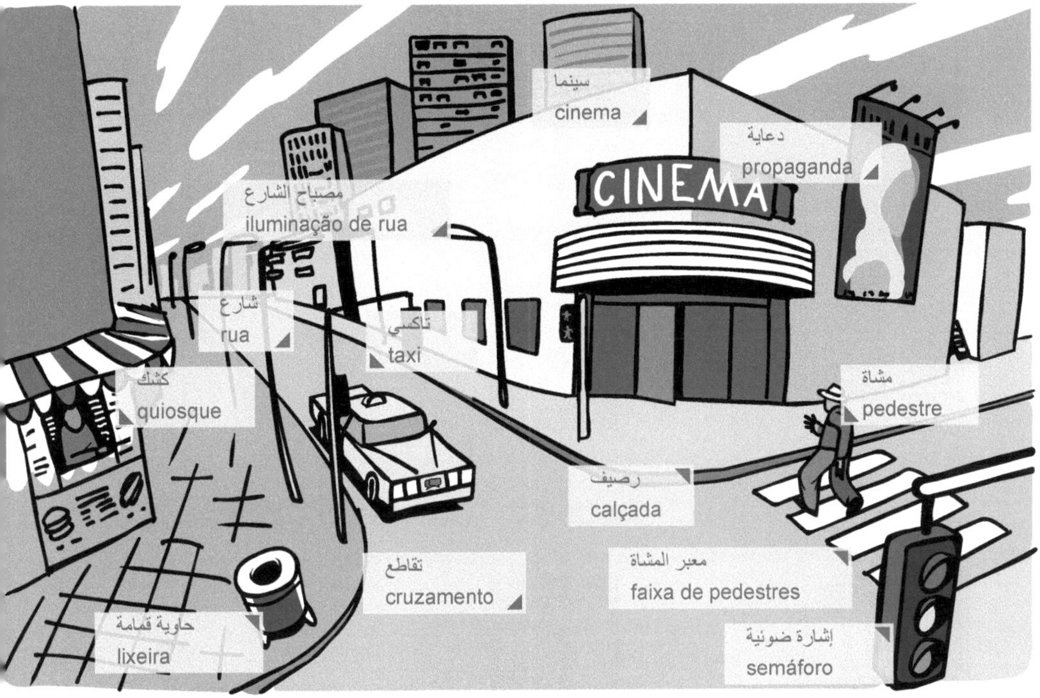

سينما
cinema
دعاية
propaganda
CINEMA
مصباح الشارع
iluminação de rua
شارع
rua
تاكسي
taxi
كشك
quiosque
مشاة
pedestre
رصيف
calçada
تقاطع
cruzamento
معبر المشاة
faixa de pedestres
حاوية قمامة
lixeira
إشارة ضوئية
semáforo

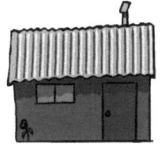

كوخ

cabana

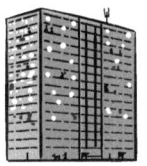

شقة

apartamento

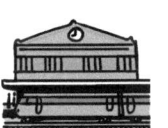

محطة قطار

estação de trem

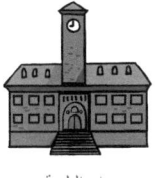

دار البلدية

prefeitura

MUSEUM

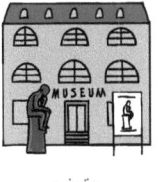

متحف

museu

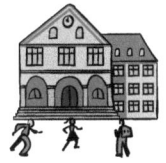

المدرسة

escola

الجامعة

universidade

مصرف

banco

المستشفى

hospital

فندق

hotel

صيدلية

farmácia

مكتب

escritório

مكتبة

livraria

متجر

loja

محل لبيع الزهور

floricultura

سوبرماركت

supermercado

سوق

mercado

متجر كبير

loja de departamentos

تاجر السمك

peixaria

مركز تسوّق

centro comercial

ميناء

porto

حديقة عامة

parque

مقعد

banco

جسر

ponte

درج، سلم

escadas

مترو

metrô

نفق

túnel

موقف حافلات

ponto de ônibus

بار

bar

مطعم

restaurante

صندوق البريد

caixa de correspondência

لافتة باسم الشارع

placa de rua

مقياس زمن الوقوف

parquímetro

حديقة حيوانات

zoológico

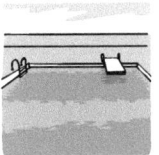

مسبح

piscina

مسجد

mesquita

مزرعة
....
fazenda

تلوث البيئة
....
poluição

مقبرة
....
cemitério

كنيسة
....
igreja

ملعب الأطفال
....
parquinho

معبد
....
templo

طبيعة ريفية

paisagem

ورقة
folha

علامة إرشاد
placa de sinalização

طريق
caminho

مرج
gramado

حجر
pedra

شجرة
árvore

رحالة
caminhantes

نهر
rio

عشب
grama

زهرة
flor

وادٍ

vale

جبل

montanha

بحيرة

lago

غابة

floresta

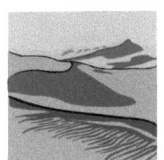

صحراء

deserto

بركان

vulcão

قلعة

castelo

قوس قزح

arco-íris

فطر

cogumelo

نخلة

palmeira

بعوض

mosquito

ذبّانة

mosca

نملة

formiga

نحلة

abelha

عنكبوت

aranha

خنفساء

besouro

ضفدعة

sapo

سنجاب

esquilo

قنفذ

ouriço

أرنب

lebre

بومة

coruja

عصفور

pássaro

بجعة

cisne

خنزير برّي

javali

غزال

veado

إلكة

alce

سد

barragem

دولاب الطاحونة الهوائية

aerogerador

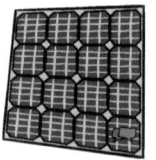

خلية شمسية

painel solar

مناخ

clima

مطعم

restaurante

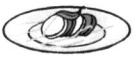

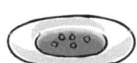

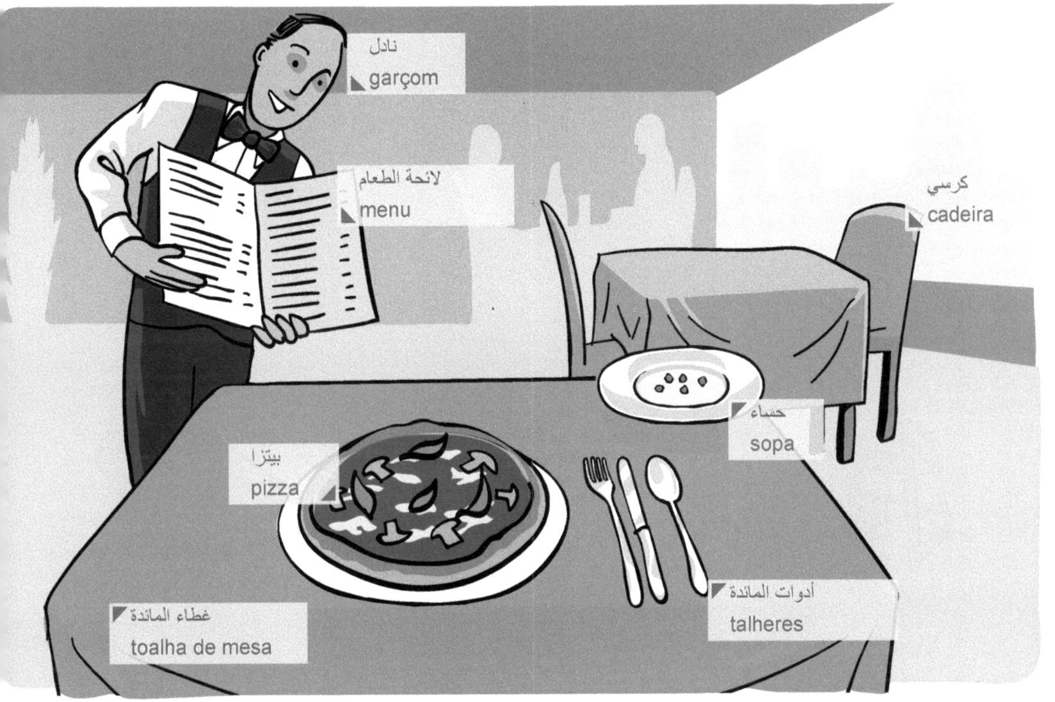

نادل
garçom
لائحة الطعام
menu
كرسي
cadeira
حساء
sopa
بيتزا
pizza
أدوات المائدة
talheres
غطاء المائدة
toalha de mesa

مقبلات
entrada

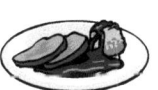

الصحن الرئيسي
prato principal

حلوى أو فاكهة بعد الطعام
sobremesa

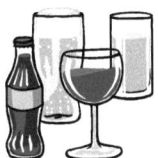

مشروبات
bebidas

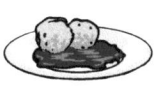

طعام
comida

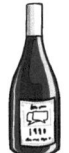

زجاجة
garrafa

وجبات سريعة

fastfood

طعام الشارع

comida de rua

إبريق الشاي

bule de chá

علبة السكر

açucareiro

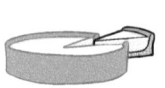

حصّة

porção

آلة الإسبريسو

máquina de expresso

كرسي عالٍ

cadeirão

فاتورة

conta

صينية

bandeja

سكين

faca

شوكة

garfo

ملعقة

colher

ملعقة الشاي

colher de chá

منديل المائدة

guardanapo

كأس

copo

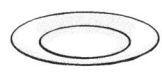

صحن

prato

صحن الحساء

prato de sopa

صحن الفنجان

pires

صلصة

molho

مملحة

saleiro

مطحنة الفلفل

moedor de pimenta

خلّ

vinagre

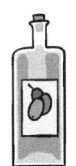

زيت الطعام

óleo

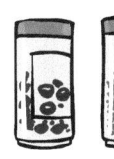

توابل

especiarias

كتشاب

ketchup

خردل

mostarda

مايونيز

maionese

سوبرماركت

supermercado

عرض خاص
oferta especial
FOR
زبون
cliente
مشتقات الحليب
laticínios
فواكه
frutas
عربة تسوق
carrinho de compras

BUTCHERS

جزّار

açougue

BAKERY

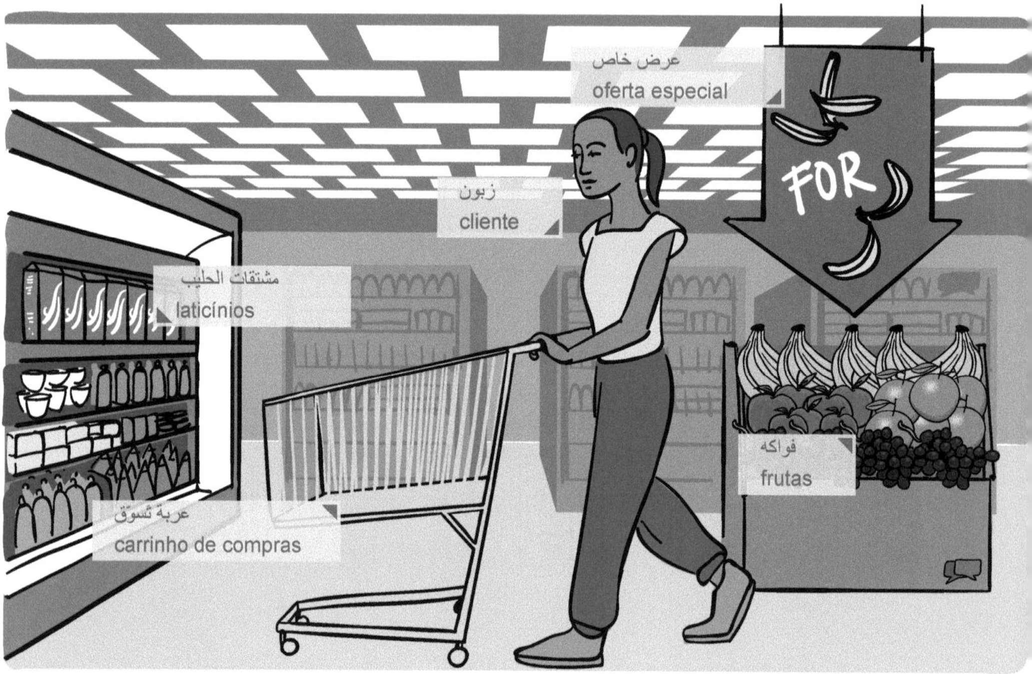

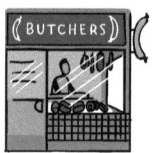

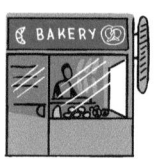

مخبز

padaria

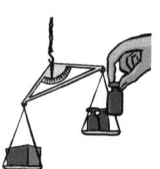

يزن

pesar

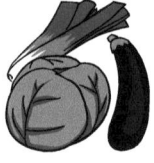

خضار

legumes

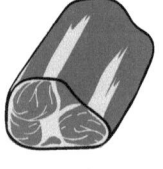

لحم

carne

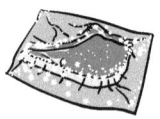

المأكولات المجمّدة

congelados

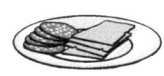

مرتدلا أو جبن

charcutaria

معلّبات

conservas

مسحوق الغسيل

detergente em pó

حلويات

doces

المواد المنزلية

artigos domésticos

منظّفات

produtos de limpeza

بائعة

vendedora

صندوق الحساب

caixa

أمين صندوق

caixa

قائمة المشتريات

lista de compras

أوقات العمل

horário de funcionamento

محفظة النقود

carteira

بطاقة ائتمان

cartão de crédito

حقيبة

sacola

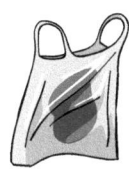

كيس بلاستيكي

saco plástico

ماء

água

عصير

suco

حليب

leite

كولا

coca-cola

نبيذ

vinho

بيرة

cerveja

كحول

álcool

كاكاو

cacau

شاي

chá

قهوة

café

قهوة إسبريسو

expresso

كابوتشينو

cappuccino

موزة

banana

تفاح

maçã

برتقال

laranja

بطيخ

melão

ليمون

limão

جزرة

cenoura

ثوم

alho

خيزران

bambu

بصل

cebola

فطر

cogumelo

لوزيات

nozes

شعيرية

macarrão

سباغيتي

espaguete

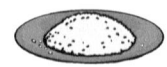

أرزّ

arroz

سلطة

salada

بطاطا مقلية

batatas fritas

بطاطا مقلية

batatas frias

بيتزا

pizza

هامبورغر

hambúrger

ساندويش

sanduíche

شريحة لحم مقلية

escalope

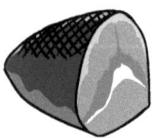

لحم خنزير

presunto

سلامي

salame

سجق

salsicha

دجاج

galinha

لحم محمر

assado

سمك

peixe

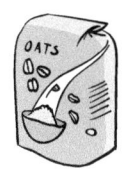

دقيق الشوفان

flocos de aveia

موسلي

granola

كورن فلكس

flocos de milho

طحين

farinha

كرواسان

croissant

خبز صغير

pãozinho

خبز

pão

خبز محمص

torrada

بسكويت

biscoitos

زبدة

manteiga

لبن زبادي

requeijão

كعكة

bolo

بيضة

ovo

بيض مقلي

ovo frito

جبنة

queijo

مثلّجات

sorvete

سكّر

açúcar

عسل

mel

مربّى الفاكهة

geleia

كريم النوغا

creme de avelãs

الكاري

curry

مزرعة

fazenda

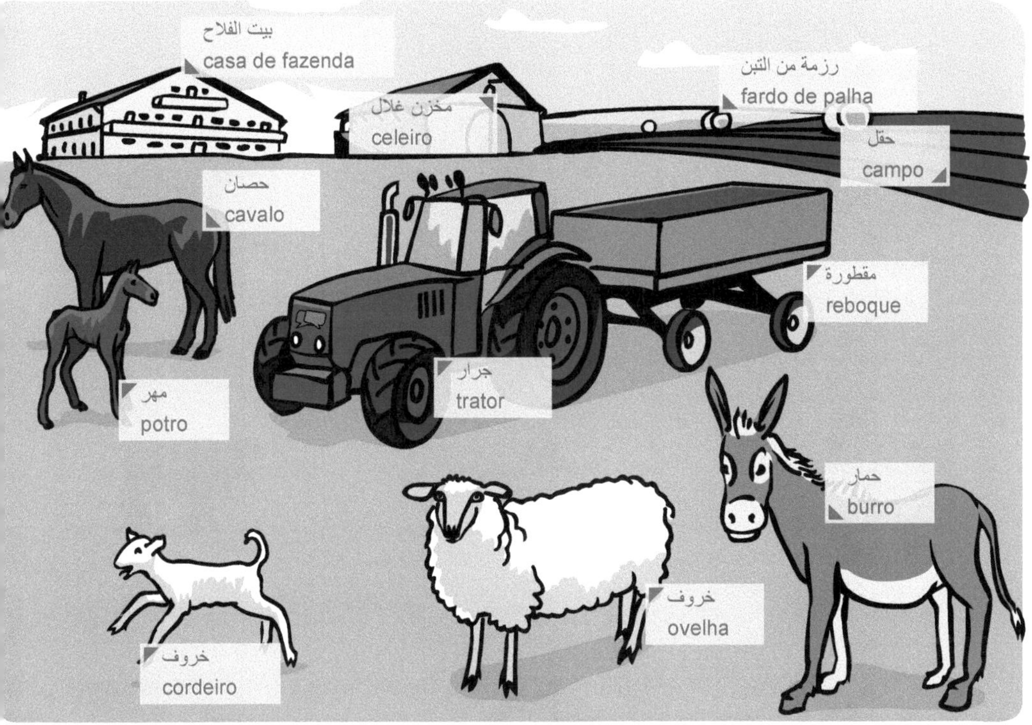

بيت الفلاح
casa de fazenda
مخزن غلال
celeiro
رزمة من التبن
fardo de palha
حقل
campo
حصان
cavalo
مقطورة
reboque
جرار
trator
مهر
potro
حمار
burro
خروف
ovelha
خروف
cordeiro

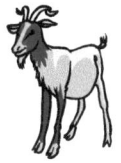

ماعز

cabra

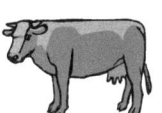

بقرة

vaca

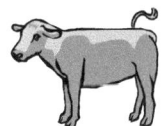

عجل

bezerro

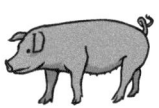

خنزير

porco

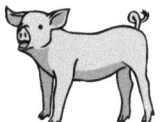

خنزير صغير

leitão

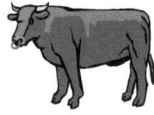

ثور

touro

اوزّة
....
ganso

بطة
....
pato

صوص
....
pintinho

دجاجة
....
galinha

ديك
....
galo

جرذ
....
ratazana

قطّة
....
gato

فأر
....
camundongo

ثور
....
boi

كلب
....
cachorro

كوخ الكلب
....
casinha do cachorro

خرطوم الحديقة
....
mangueira de jardim

إبريق
....
regador

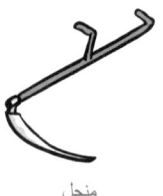

منجل
....
foice

المحراث
....
arado

منجل
....
foice

معزقة
....
enxada

مذراة الزبل
....
forquilha

بلطة
....
machado

عربة يد
....
carrinho de mão

معلف
....
manjedoura

صفيحة الحليب
....
jarra de leite

كيس
....
saco

سياج
....
cerca

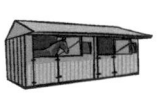

اصطبل
....
estábulo

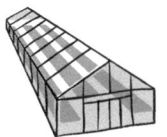

دفيئة
....
estufa

تربة
....
solo

بذور
....
semente

سماد
....
fertilizante

حصّادة دراسة
....
colheitadeira

يحصد
....
colher

محصول
....
colheita

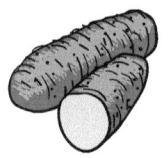

بطاطا يامس
....
inhame

قمح
....
trigo

صويا
....
soja

بطاطا
....
batata

ذرة
....
milho

سلجم
....
colza

شجرة فاكهة
....
árvore frutífera

نبات منيهوت
....
mandioca

الحبوب
....
cereais

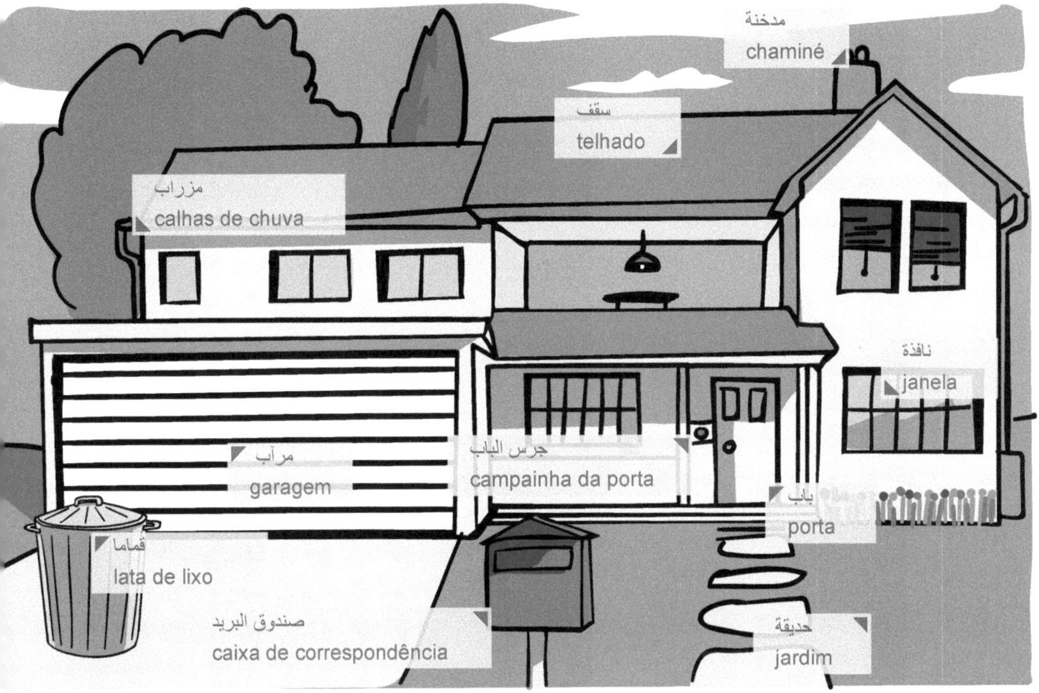

casa

مدخنة
chaminé

سقف
telhado

مزراب
calhas de chuva

نافذة
janela

مرآب
garagem

جرس الباب
campainha da porta

باب
porta

قمامة
lata de lixo

صندوق البريد
caixa de correspondência

حديقة
jardim

غرفة جلوس
sala de estar

الحمّام
banheiro

مطبخ
cozinha

غرفة النوم
quarto de dormir

غرفة الأطفال
quarto de criança

غرفة الطعام
sala de jantar

أرضية	حاط	سقف
chão	parede	teto

قبو

porão

ساونا

sauna

بلكون

varanda

شرفة

terraço

مسبح

piscina

جزّازة العشب

cortador de grama

بياضات السرير

lençol

بطانية

coberta

سرير

cama

مكنسة

vassoura

سطل

balde

مفتاح كهربائي

interruptor

غرفة جلوس

sala de estar

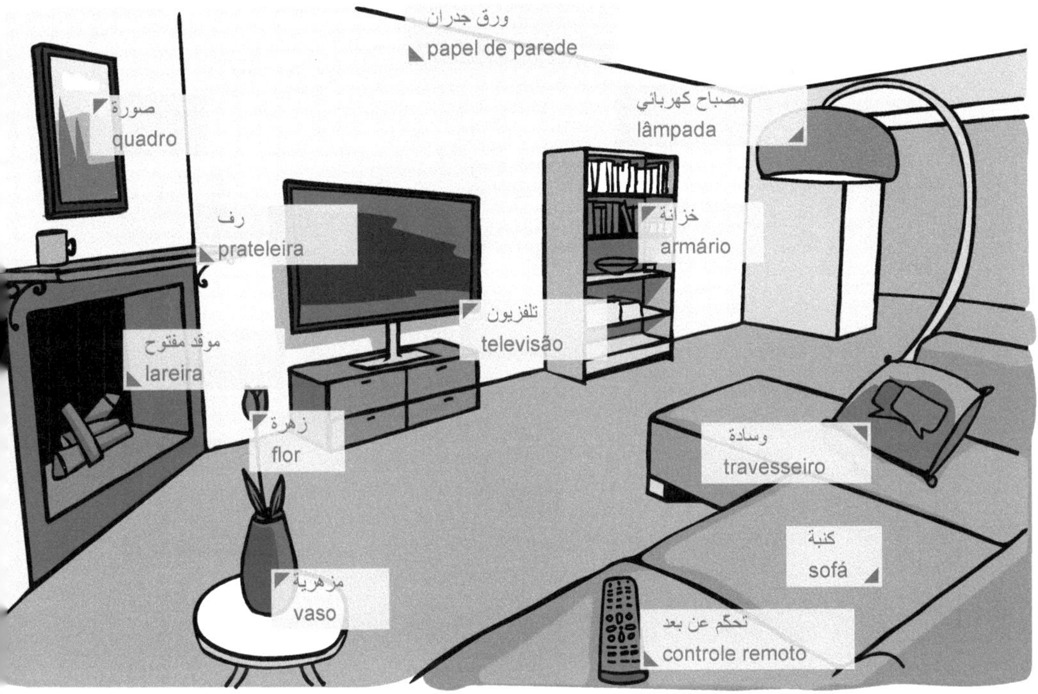

ورق جدران
papel de parede
صورة
quadro
مصباح كهربائي
lâmpada
رف
prateleira
خزانة
armário
تلفزيون
televisão
موقد مفتوح
lareira
زهرة
flor
وسادة
travesseiro
كنبة
sofá
مزهرية
vaso
تحكم عن بعد
controle remoto

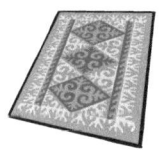

بصاط

tapete

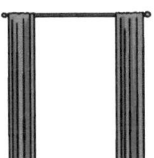

ستارة

cortina

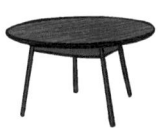

طاولة

mesa

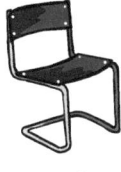

كرسي

cadeira

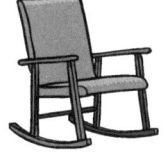

كرسي هزّاز

cadeira de balanço

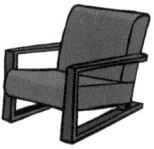

كرسي ذو ذراعين

poltrona

الكتاب

livro

بطانية

cobertor

زخرفة

decoração

الحطب

lenha

فيلم

filme

تجهيزات ستيريو

equipamento de som

مفتاح

chave

جريدة

jornal

لوحة مرسومة

pintura

مُلصق

pôster

راديو

rádio

دفتر ملاحظات

bloco de notas

المكنسة الكهربائية

aspirador

صبّار

cacto

شمعة

vela

مطبخ
cozinha

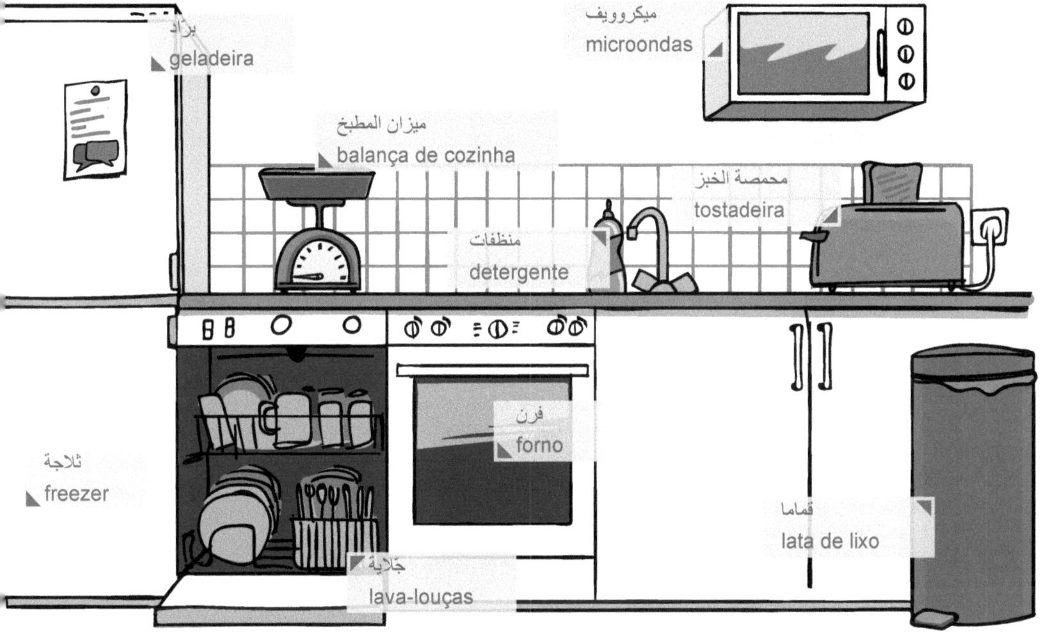

برّاد
geladeira
ميكروويف
microondas
ميزان المطبخ
balança de cozinha
محمصة الخبز
tostadeira
منظفات
detergente
فرن
forno
ثلاجة
freezer
قماما
lata de lixo
جَلاية
lava-louças

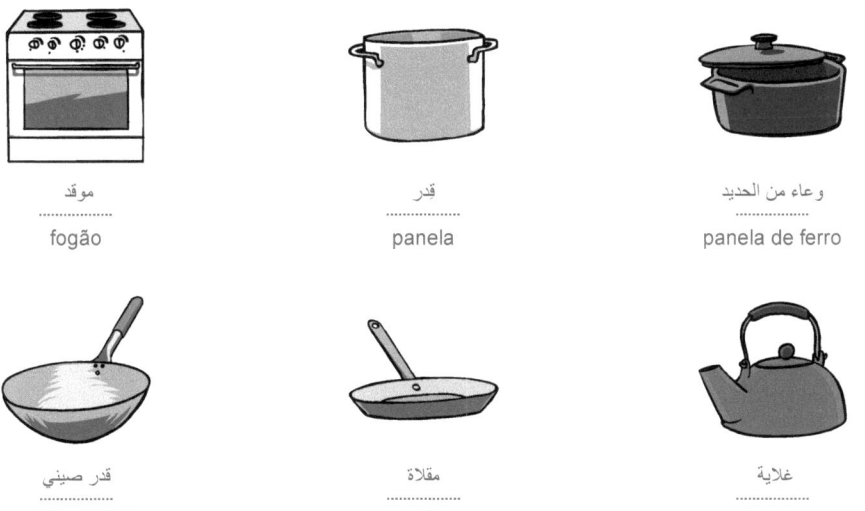

موقد

fogão

قِدر

panela

وعاء من الحديد

panela de ferro

قدر صيني

wok / kadai

مقلاة

frigideira

غلاية

chaleira

قدر البخار

panela a vapor

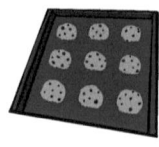

صينية

tabuleiro de forno

أواني

louça

فنجان

caneca

صحن

caçarola

عيدان الأكل

hashi

مغرفة

concha de sopa

ملعقة منبسطة

espátula

خفاقة

batedor

مصفاة

escorredor

مصفاة

peneira

مِبْشَرَة

ralador

هاون

almofariz

شِواء

churrasqueira

موقد

lareira

لوح التقطيع

tábua de cortar

نشّابة

rolo da massa

مفتاح الزجاجات

saca-rolhas

علبة

lata

مفتاح العلب المعدنية

abridor de latas

قماش الفرن

pegador de panela

مجلى

pia

فرشاة

escova

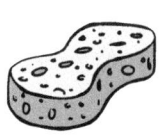

إسفنج

esponja

خلاط

liquidificador

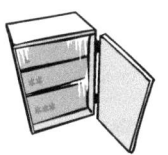

مجمّدة

congelador

زجاجة الطفل

mamadeira

صنبور الماء

torneira

banheiro

الوحة الرئيسية (main bathroom scene)

دوش
ducha

تدفئة
aquecimento

منشفة
toalha

ستارة الدوش
cortina de chuveiro

حمّام رغوة
banho de espuma

حوض الحمّام
banheira

كأس
copo

غسّالة
lava-roupa

صنبور الماء
torneira

بلاط
azulejos

قفازات مطاطية
penico

مجلى
pia

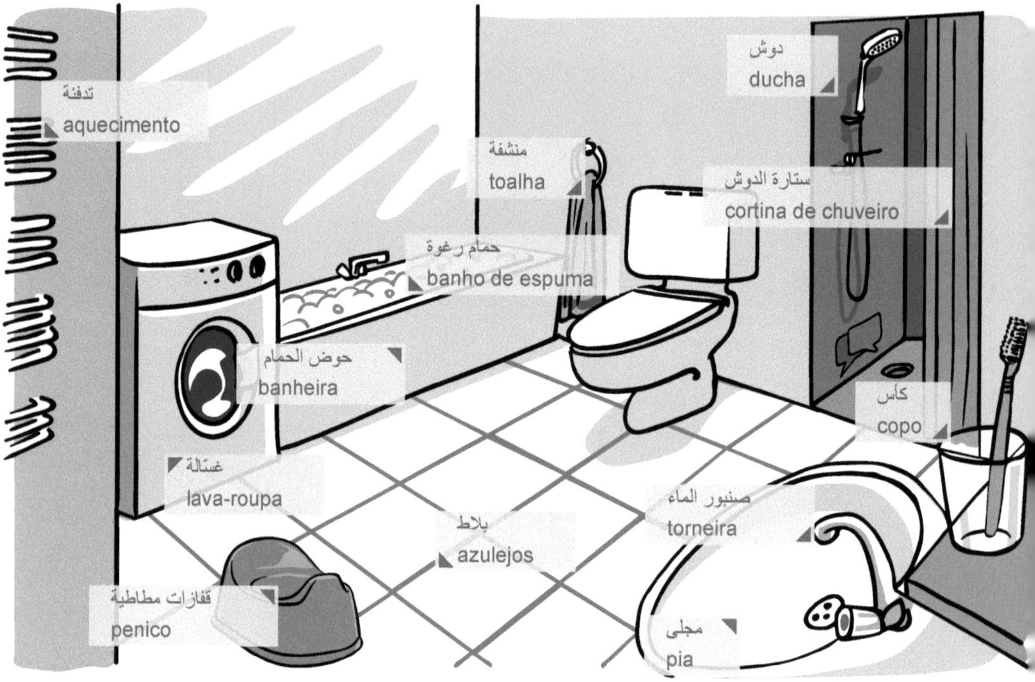

حمام
....
vaso sanitário

مرحاض القرفصاء
....
lavabo de agachar

حوض التشطيف
....
bidê

مبولة
....
mictório

ورق المرحاض
....
papel higiênico

فرشاة الحمام
....
escova de privada

فرشاة الأسنان

escova de dentes

معجون الأسنان

pasta de dentes

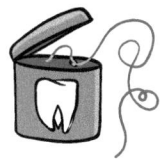

خيط حرير لتنظيف الأسنان

fio dental

يغسل

lavar

رشاش ماء يدوي

ducha de mão

شطاف

ducha íntima

حوض الغسيل

bacia

فرشاة الظهر

escova para as costas

صابون

sabonete

جيل الدوش

gel de banho

شامبو

xampu

ممسحة

toalha de rosto

مصرف للماء

escoamento

مرهم

creme

مزيل الروائح

desodorante

مرآة

espelho

مرآة يد

espelho de mão

موس حلاقة

barbeador

رغوة الحلاقة

espuma de barbear

كولونيا

loção pós-barba

مشط

pente

فرشاة

escova

سشوار

secador de cabelo

مثبت للشعر

spray de cabelo

ماكياج

maquiagem

روج

batom

طلاء أظافر

esmalte de unhas

قطن

algodão

مقص أظافر

tesoura para unhas

عطر

perfume

سلة الغسيل

nécessaire

مقعد صغير

banquinho

ميزان

balança

معطف الحمام

roupão de banho

قفازات مطاطية

luvas de borracha

سدادة قطنية

absorvente interno

منشفة صحية

absorvente íntimo

تواليت كيميائية

banheiro químico

غرفة الأطفال
quarto de criança

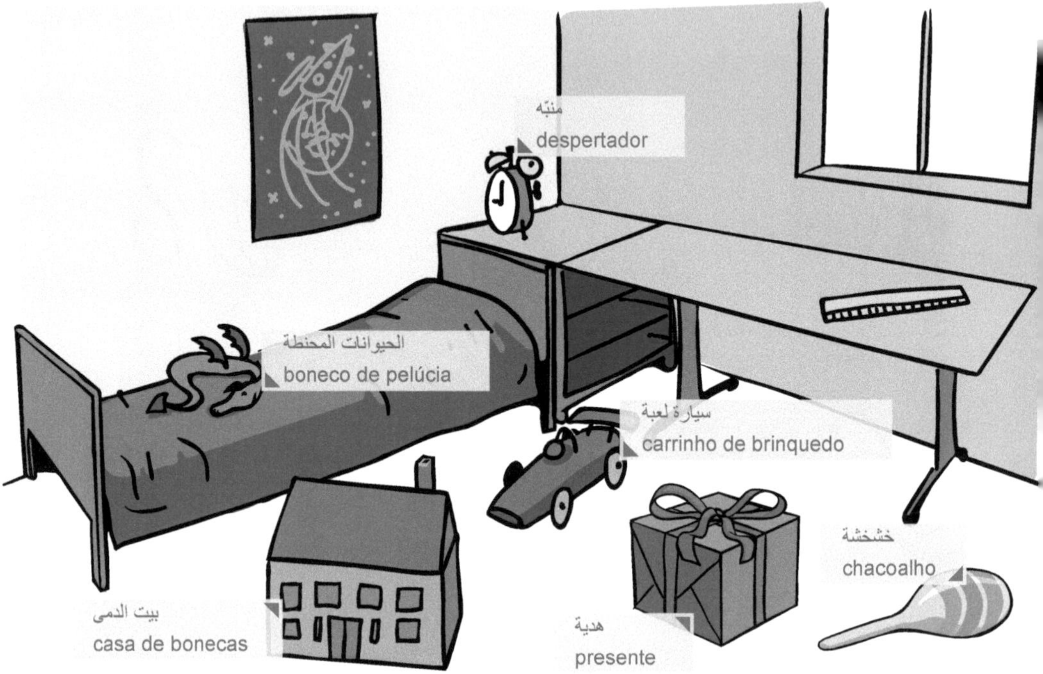

منبه
despertador
الحيوانات المحنطة
boneco de pelúcia
سيارة لعبة
carrinho de brinquedo
خشخشة
chacoalho
بيت الدمى
casa de bonecas
هدية
presente

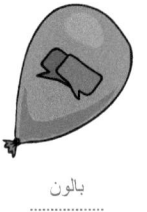

بالون
....
balão

سرير
....
cama

عربة الأطفال
....
carrinho de bebê

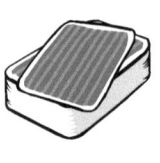

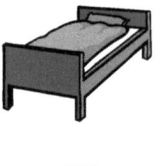

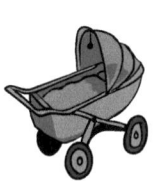

لعبة الورق
....
jogo de cartas

أحجية
....
quebra-cabeças

SUPER
MEGA

رسوم هزلية
....
revista de quadrinhos

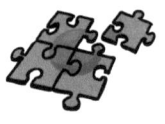

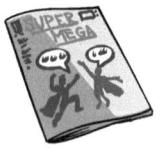

أحجار الليغو

peças de Lego

حجارة تركيب

blocos de construção

دمية بطل

figura de ação

لباس الطفل

macaquinho de bebê

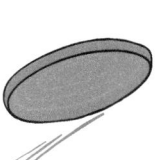

فريسبي

frisbee

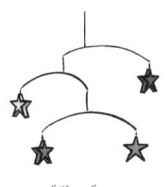

دمية معلّقة

móbile para bebé

لعبة الطاولة

jogo de tabuleiro

لعبة النرد

dados

لعبة قطار

trenzinho elétrico

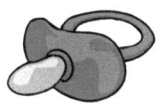

مصّاصة

chupeta

حفلة

festa

كتاب مصوّر

livro ilustrado

كرة

bola

دمية

boneca

يلعب

brincar

ملعب رملي للأطفال

caixa de areia

أرجوحة

balanço

لعبة

brinquedos

ألعاب فيديو

videogame

دراجة ثلاثية

triciclo

دمية على شكل الدب

ursinho de pelúcia

خزانة الثياب

guarda-roupa

ثياب

vestuário

جوارب قصيرة

meias

جوارب طويلة

meias pelo joelho

جورب بنطلون

meias-calças

شال
cachecol

شمسية
guarda-chuva

تي شيرت
camiseta

حزام
cinto

حذاء شتوي
botas

شبشب
chinelos

أحذية رياضية
tênis

صندل
....
sandálias

حذاء
....
sapatos

جزمة كاوتشوك
....
botas de borracha

سروال داخلي
....
roupa de baixo

صدّارة
....
sutiã

قميص داخلي
....
camiseta de baixo

لباس ملاصق للجسم

body

بنطلون

calças

جينز

jeans

تنورة

saia

بلوزة

blusa

قميص

camisa

سترة قطنية

pulôver

كنزة كم طويل

suéter com capuz

سترة فضفاضة

blazer

سترَة

jaqueta

معطف

casaco

معطف مطري

gabardine

زي - طقم نسائي

traje

ثوب

vestido

ثوب الزفاف

vestido de casamento

طقم

terno

قميص نوم

camisola

بيجاما

pijama

ساري

sari

حجاب

lenço de cabeça

عمامة

turbante

برقع

burca

قفطان

cafetã

عباءة

abaya

مايوه

maiô

سروال سباحة

sunga

شرت

shorts

بدلة رياضية

roupa de treino

مئزر

avental

قفازات

luvas

زر
....
botão

نظّارة
....
óculos

إسوارة
....
pulseira

عقد
....
colar

خاتم
....
anel

قرط
....
brinco

طاقيّة
....
boné

علّاقة ثياب
....
cabide

قبّعة
....
chapéu

ربطة العنق
....
gravata

سحّاب
....
zíper

خوذة
....
capacete

حمّالة البنطلون
....
suspensórios

اللباس المدرسي
....
uniforme escolar

زيّ موحّد
....
uniforme

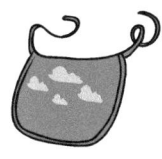

مريلة الأطفال

babador

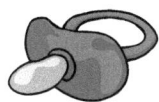

مصّاصة

chupeta

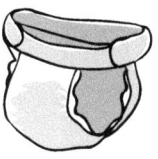

لفافة

fralda

مكتب

escritório

المخدّم
servidor
خزانة الملفات
armário de arquivos
طابعة
impressora
ورقة
papel
شاشة
monitor
طاولة المكتب
escrivaninha
فارة
mouse
ملف
pasta
لوحة المفاتيح
teclado
قماما
cesto de lixo
حاسوب
computador
كرسي
cadeira

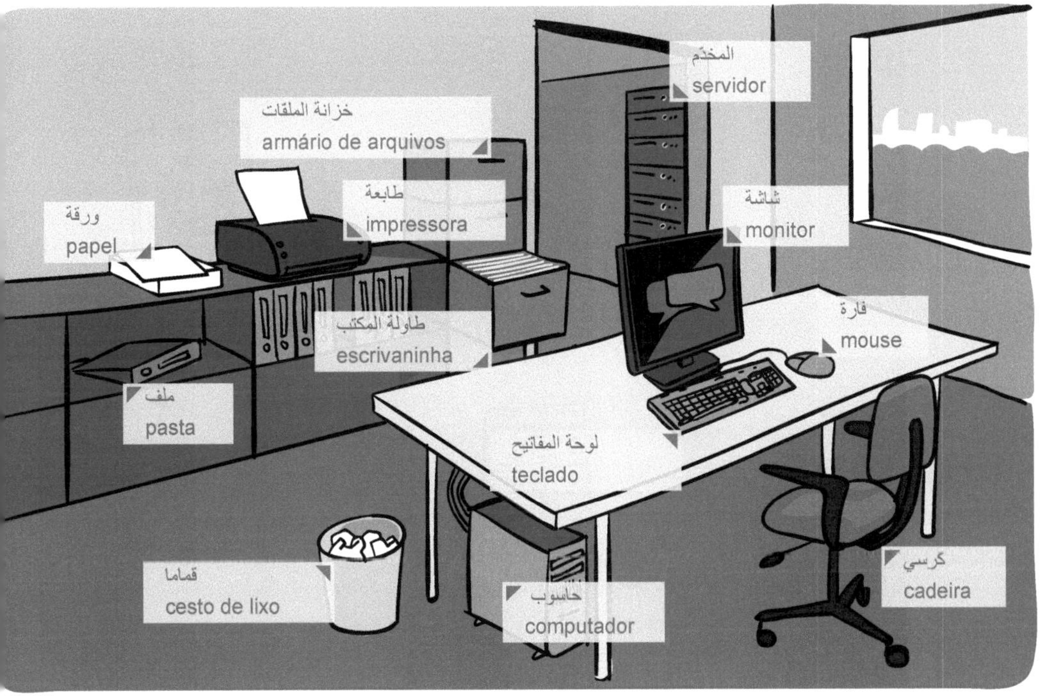

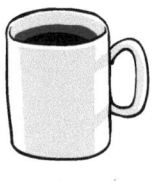

كأس من القهوة

xícara de café

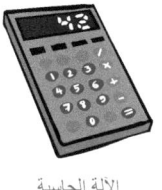

الآلة الحاسبة

calculadora

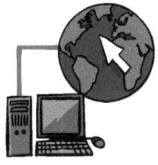

الإنترنت

internet

الحاسوب المحمول

laptop

رسالة

carta

خبر

mensagem

الهاتف المحمول

celular

شبكة

rede

جهاز تصوير

copiadora

البرمجيات

software

هاتف

telefone

مقبس كهربائي

tomada

فاكس

fax

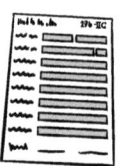

استمارة

formulário

وثيقة

documento

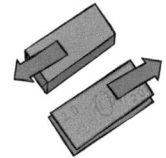

يِشتري

comprar

يدفع

pagar

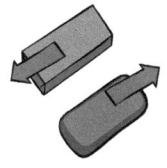

يتاجر

negociar

مال

dinheiro

دولار

Dólar

يورو

Euro

ين

Yen

روبل

rublo

فرنك سويسري

franco suíço

يوان

renminbi yuan

روبية

rupia

صرّاف آلي

caixa eletrônico

مكتب صرافة

casa de câmbio

ذهب

ouro

فضة

prata

نفط

petróleo

طاقة

energia

سعر

preço

عقد

contrato

ضريبة

imposto

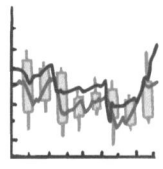

سهم

ação

يعمل

trabalhar

موظف

empregado

رب العمل

empregador

مصنع

fábrica

متجر

loja

المِهَن
profissões

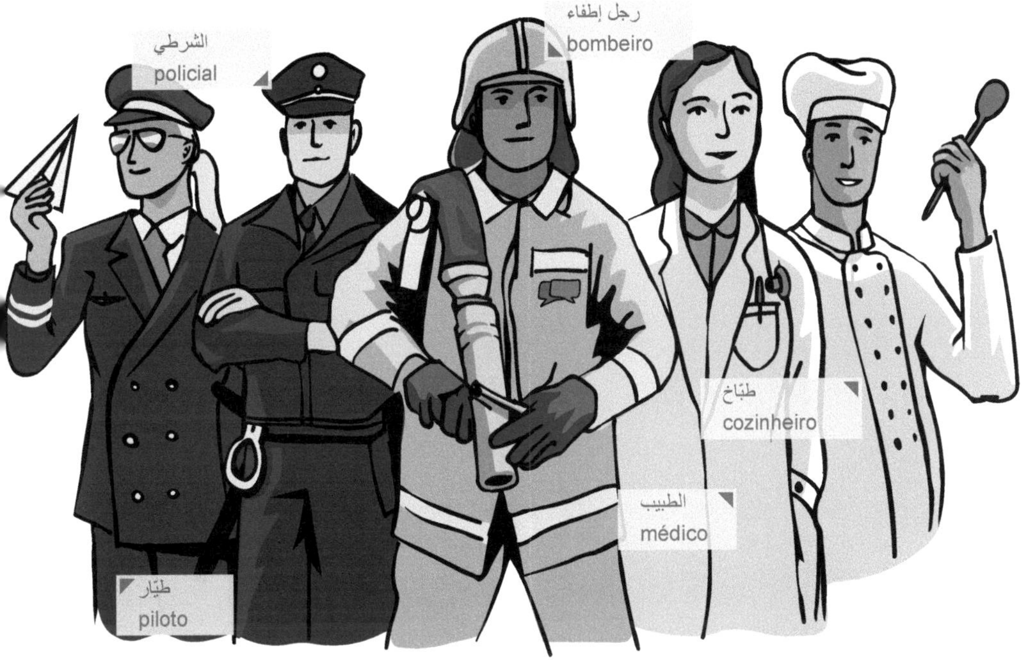

الشرطي
policial
رجل إطفاء
bombeiro
طبّاخ
cozinheiro
الطبيب
médico
طيّار
piloto

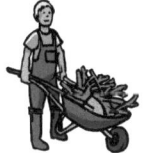

بستاني
....
jardineiro

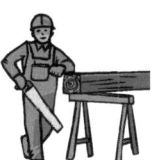

نجّار
....
marceneiro

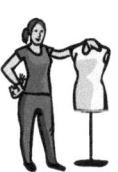

خيّاطة
....
costureira

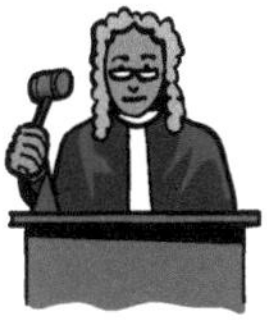

قاض
....
juiz

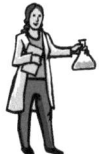

كيميائي
....
químico

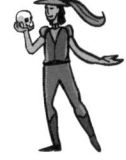

ممثل
....
ator

سائق حافلة

motorista de ônibus

سائق تاكسي

motorista de táxi

صياد سمك

pescador

أجيرة للتنظيف

faxineira

بنّاء سقف

telhador

نادل

garçom

صيّاد

caçador

رسّام

pintor

خبّاز

padeiro

كهربائي

eletricista

عامل بناء

construtor

مهندس

engenheiro

لحّام

açougueiro

سمكري

encanador

ساعي البريد

carteiro

جندي

soldado

مهندس معماري

arquiteto

أمين صندوق

caixa

بائع الزهور

florista

حلاق

cabelereiro

مراقب القطار

condutor

ميكانيكي

mecânico

قبطان

capitão

طبيب أسنان

dentista

رجل العلم

cientista

حاخام

rabino

إمام

imam

راهب

monge

كاهن

pastor

عدة عمل
ferramentas

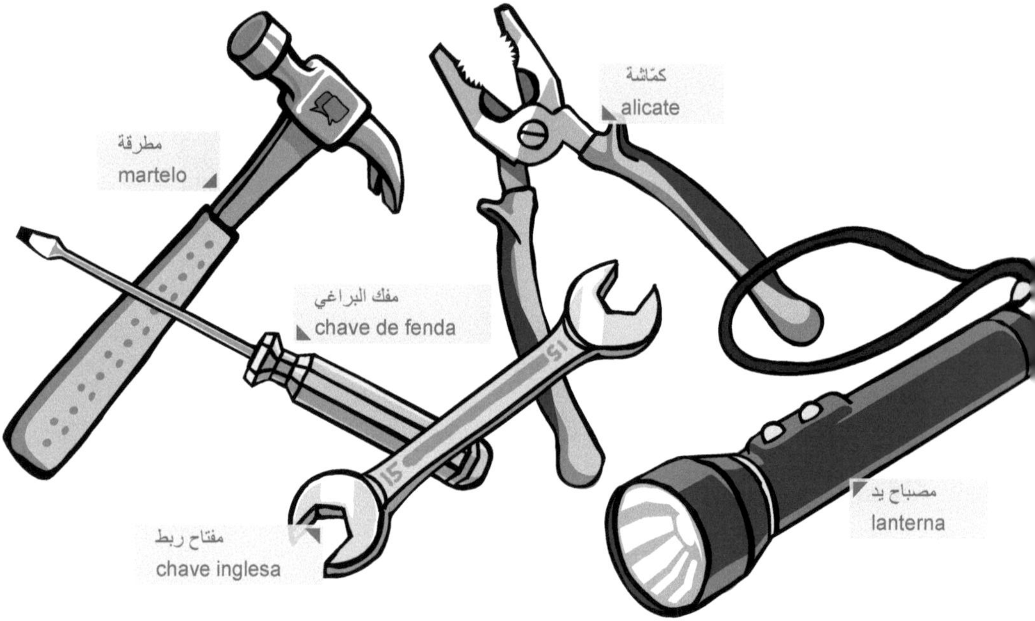
مطرقة
martelo
كمّاشة
alicate
مفك البراغي
chave de fenda
مصباح يد
lanterna
مفتاح ربط
chave inglesa

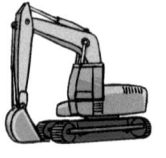

جرافة

escavadora

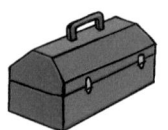

صندوق العدة

caixa de ferramentas

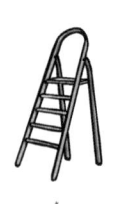

سلّم

escada de mão

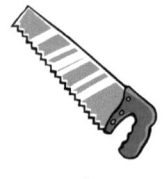

منشار

serra

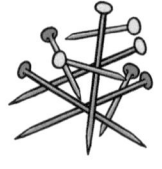

مسامير

pregos

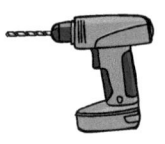

مثقب

furadeira

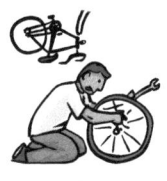

يصلح

consertar

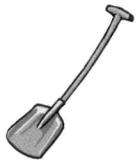

مجرفة

pá

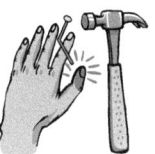

اللعنة

Droga!

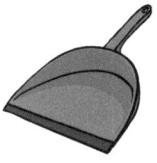

لقاطة الكناسة

pá de lixo

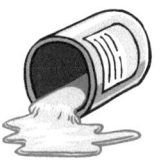

سطل الألوان

pote de tinta

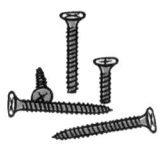

براغي

parafusos

آلات موسيقية

instrumentos musicais

مكبر الصوت
alto-falante
آلات الإيقاع
bateria
غيتار
guitarra
كمان أجهر
contrabaixo
بوق
trompete

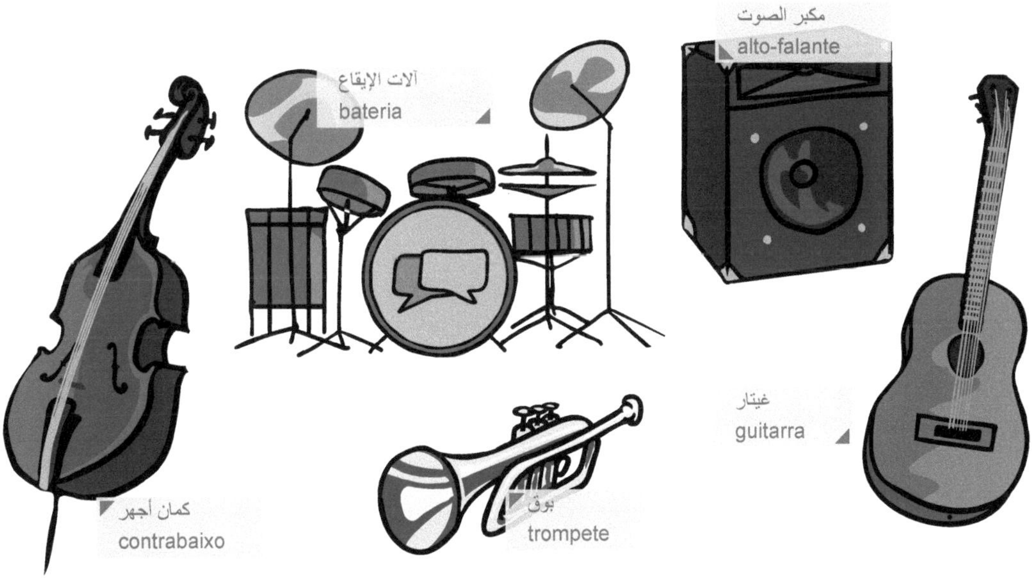

بيانو

piano

كمنجة

violino

جهير

baixo

طبل كبير

timbales

طبل

tambor

بيانو كهرباني

teclado

ساكسوفون

saxofone

ناي

flauta

ميكروفون

microfone

حديقة حيوانات
zoológico

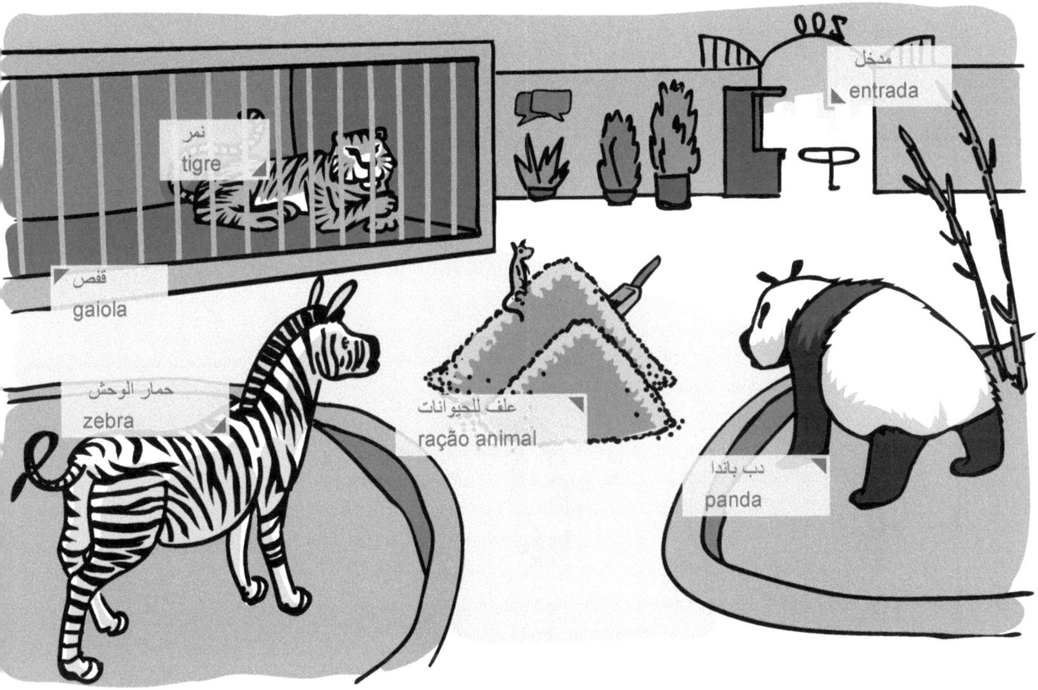

مدخل
entrada
نمر
tigre
قفص
gaiola
حمار الوحش
zebra
علف للحيوانات
ração animal
دب باندا
panda

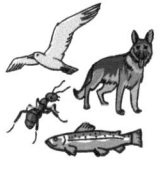

حيوانات
....
animais

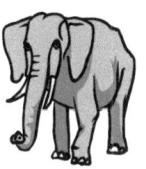

فيل
....
elefante

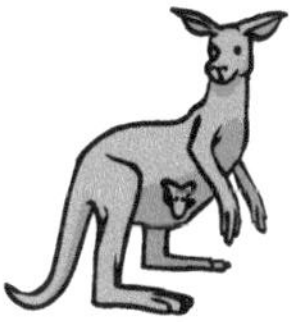

كنغر
....
canguru

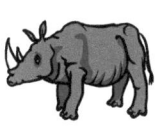

وحيد القرن
....
rinoceronte

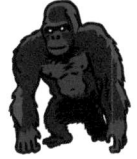

غوريلا
....
gorila

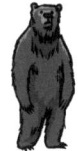

دب
....
urso

جمل

camelo

نعامة

avestruz

أسد

leão

قرد

macaco

طائر فلامينغو

flamingo

ببغاء

papagaio

دب قطبي

urso polar

بطريق

pinguim

سمك القرش

tubarão

طاووس

pavão

أفعى

cobra

تمساح

crocodilo

حارس في حديقة الحيوان

guarda do zoológico

عجل البحر

foca

نمر أمريكي مرقط

jaguar

فرس قزم

pônei

نمر

leopardo

فرس النهر

hipopótamo

زرافة

girafa

نسر

águia

خنزير برّي

javali

سمك

peixe

سلحفاة

tartaruga

حيوان فظ البحري

morsa

ثعلب

raposa

غزال

gazela

esportes

كرة القدم الأمريكية
futebol americano

ركوب الدراجات
ciclismo

كرة التنس
tênis

كرة السلة
basquete

السباحة
natação

الملاكمة
boxe

هوكي الجليد
hóquei no gelo

كرة القدم
futebol

الريشة الطائرة
badminton

ألعاب القوى الخفيفة
atletismo

كرة اليد
handebol

التزلج على الثلج
esqui

بولو
polo

يقفز
pular

يضحك
rir

يعانق
abraçar

يمشي
andar

يغني
cantar

يحلم
sonhar

يصلّي
rezar

يقبّل
beijar

يكتب
escrever

يرسم
desenhar

يُري
mostrar

يدفع
empurrar

يعطي
dar

يأخذ
tomar

يملك
ter

يعمل
fazer

يوجد
ser

يقف
ficar de pé

يركض
correr

يسحب
puxar

يرمي
jogar

يقع
cair

يستلقي
deitar

ينتظر
esperar

يحمل
carregar

يجلس
sentar

يلبس
vestir

ينام
dormir

يستيقظ
despertar

ينظر إلى ..

olhar para

يِبكي

chorar

يمسّد

acariciar

يمشّط

pentear

يتكلّم

falar

يفهم

entender

يسأل

perguntar

يسمع

ouvir

يشرب

beber

يأكل

comer

يرتّب

arrumar

يحب

amar

يطبخ

cozinhar

يقّود

dirigir

يطير

voar

يبحر بزورق شراعي

velejar

يحسب

calcular

يقرأ

ler

يتَعلم

aprender

يعمل

trabalhar

يتَزوج

casar

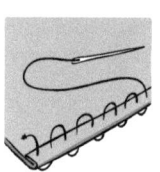

يخيط

costurar

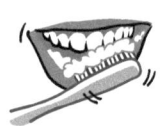

ينظف أسنانه

escovar os dentes

يقتَل

matar

يدخّن

fumar

يرسل

enviar

عائلة

família

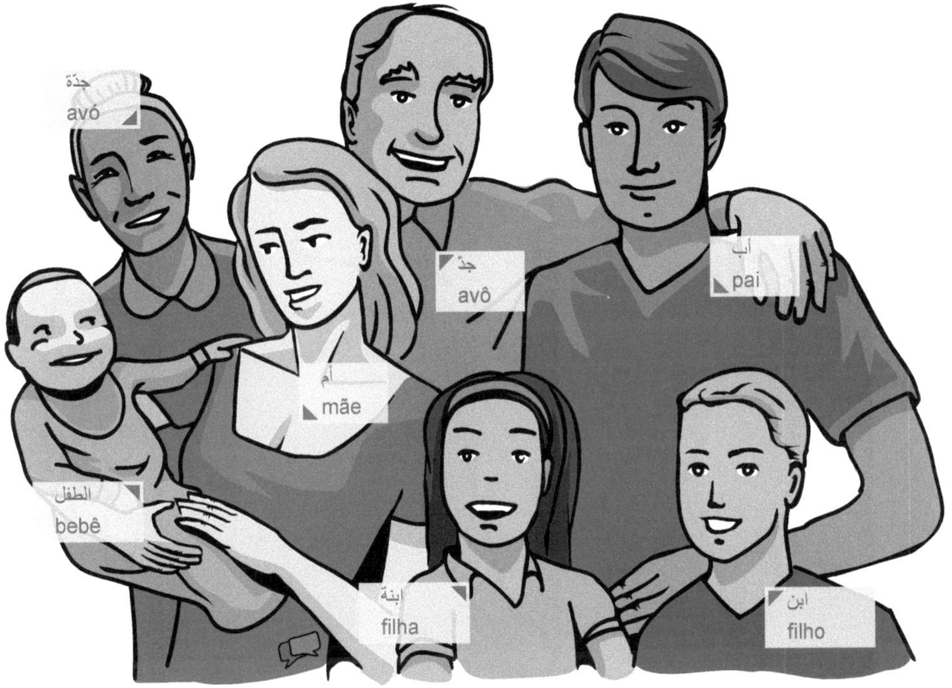

جدّة
avó
جدّ
avô
أب
pai
أم
mãe
الطفل
bebê
ابنة
filha
ابن
filho

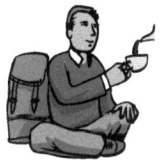

ضيف

convidado

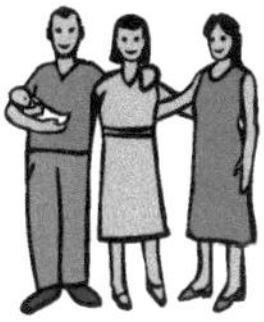

عمّة / خالة

tia

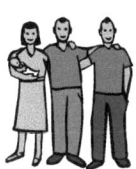

عمّ / خال

tio

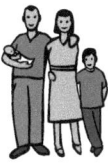

أخ

irmão

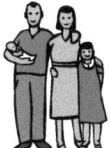

أخت

irmã

الجسم

corpo

الجبين
testa
العين
olho
الكتف
ombro
الإصبع
dedo
الوجه
rosto
الذقن
queixo
اليد
mão
الساق
perna
الصدر
peito
الذراع
braço

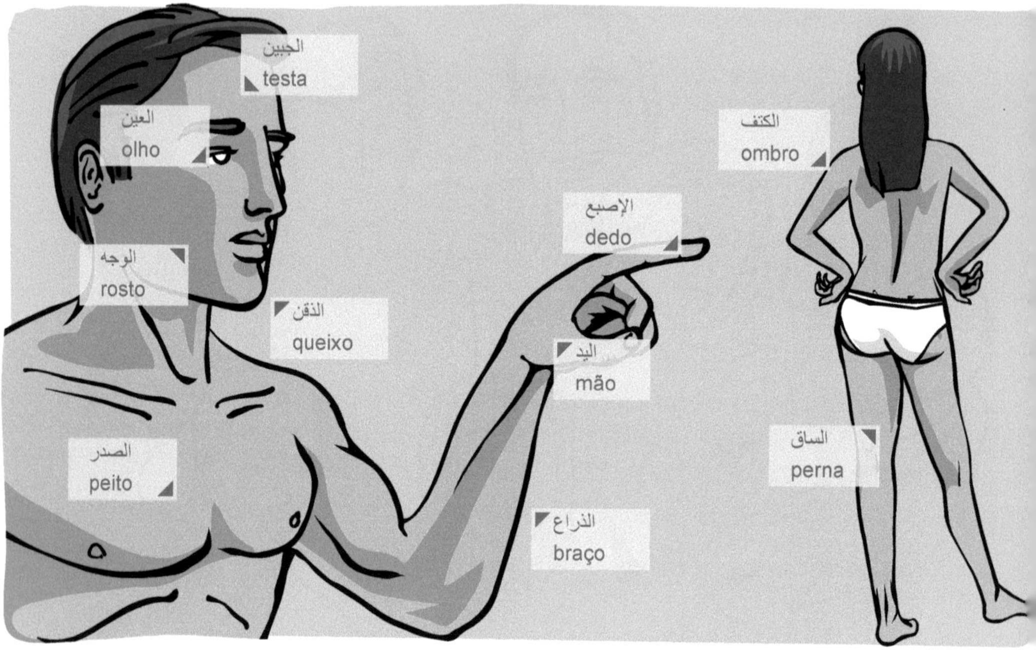

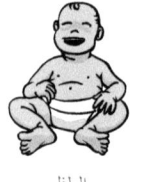

الطفل

bebê

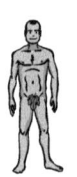

الرجل

homem

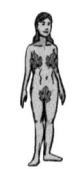

المرأة

mulher

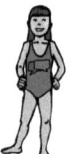

البنت

menina

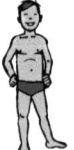

الولد

menino

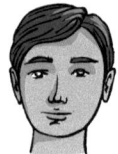

الرأس

cabeça

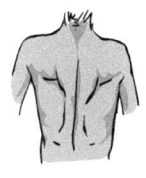

الظهر

costas

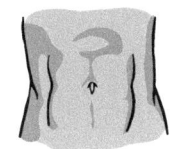

البطن

barriga

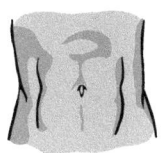

السرّة

umbigo

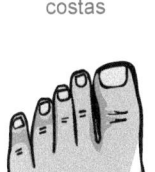

إصبع القدم

dedo do pé

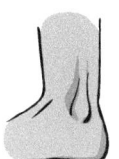

الكعب

calcanhar

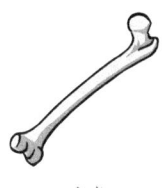

العظم

osso

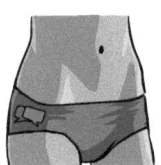

الورك

anca

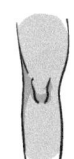

الركبة

joelho

المرفق

cotovelo

الأنف

nariz

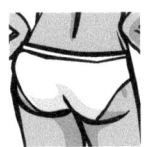

العَجُز

nádegas

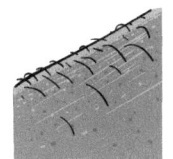

البَشرة

pele

الخد

bochecha

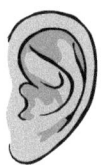

الأذن

orelha

الشَفة

lábio

الفم

boca

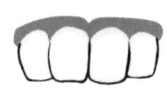

السن

dente

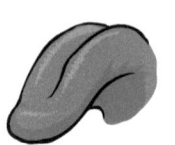

اللسان

língua

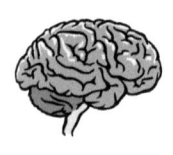

الدماغ

cérebro

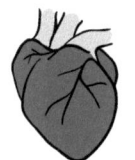

القلب

coração

العضلة

músculo

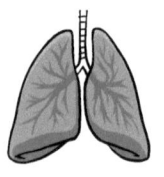

الرئة

pulmão

الكبد

fígado

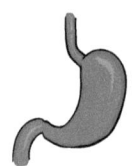

المعدة

estômago

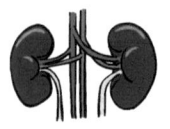

الكلى

rins

الاتصال الجنسي

relações sexuais

الواقي المطاطي

preservativo

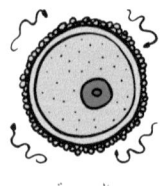

البويضة

óvulo

المنيَ

esperma

الحمل

gravidez

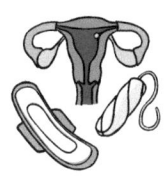

الحيض

menstruação

المهبل

vagina

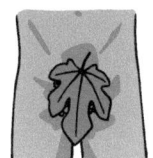

القضيب

pênis

الحاجب

sobrancelha

الشعر

cabelo

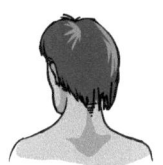

الرقبة

pescoço

المستشفى
hospital

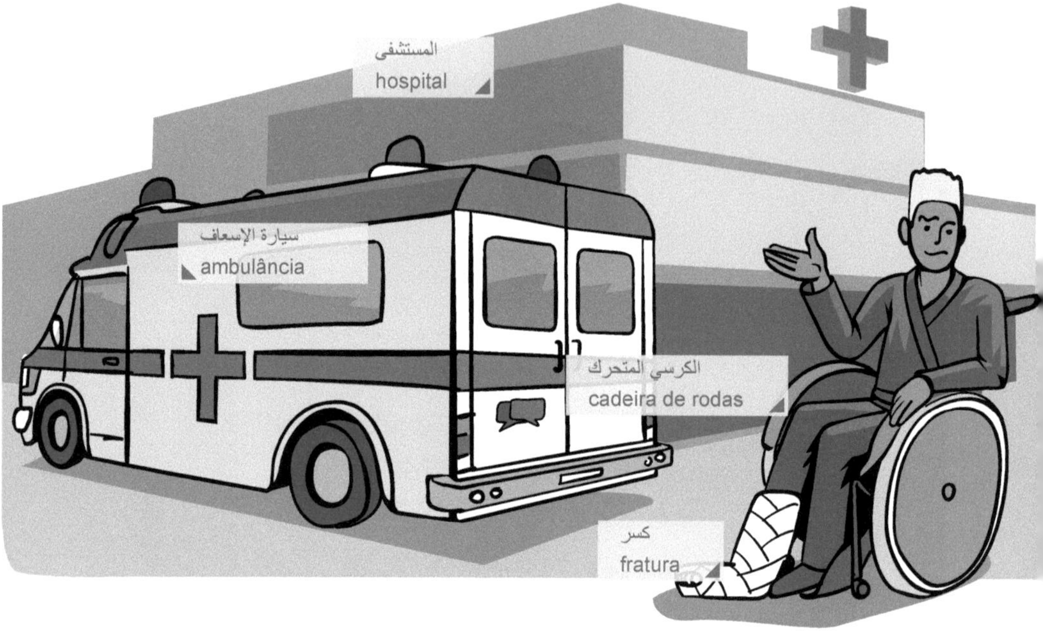

المستشفى
hospital
سيارة الإسعاف
ambulância
الكرسي المتحرك
cadeira de rodas
كسر
fratura

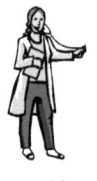

الطبيب

médico

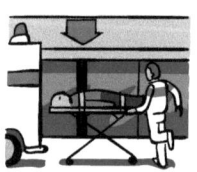

غرفة الإسعاف

pronto-socorro

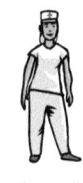

الممرضة

enfermeira

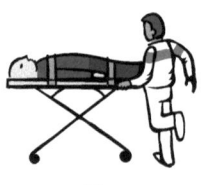

حالة

emergência

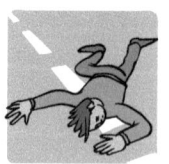

مغمى عليه

inconsciente

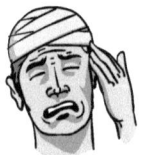

الألم

dor

إصابة

ferimento

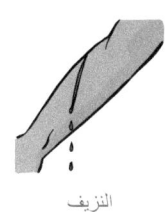

النزيف

hemorragia

احتشاء القلب

ataque cardíaco

جلطة

acidente vacular cerebral

حسسية

alergia

السعال

tosse

الحُمَى

febre

إنفلونزا

gripe

الإسهال

diarreia

وجع الرأس

dor de cabeça

السرطان

câncer

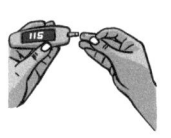

مرض السكر

diabetes

جرّاح

cirurgião

مبضع

bisturi

عملية

operação

سيتي سكان

CT

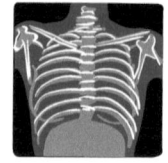

الأشعة السينية

raio x

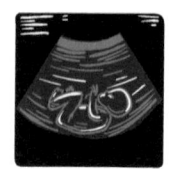

فوق الصوتي

ultrassom

القناع

máscara

المرض

doença

غرفة الانتظار

sala de espera

العُكاز

muleta

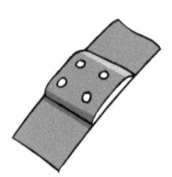

شريط لاصق

bandeide

ضماد

ligadura

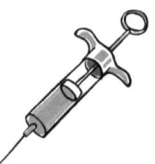

حقنة

injeção

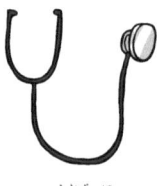

سمّاعة الطبيب

estetoscópio

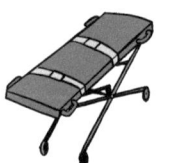

نقالة

maca

ميزان حرارة

termômetro

ولادة

nascimento

وزن زائد

excesso de peso

جهاز السمع

aparelho auditivo

المواد المعقّمة

desinfetante

عدوى

infecção

فيروس

vírus

الإيدز

HIV / AIDS

الطب

medicamento

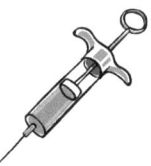

اللقاح

vacinação

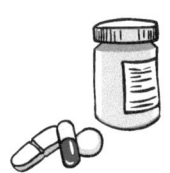

أقراص الدواء

comprimidos

حبّة الدواء

pílula

نداء النجدة

chamada de emergência

مقياس ضغط الدم

dispositivo de medição de
pressão arterial

مريض / صحيح

doente / saudável

emergência

النجدة!

Socorro!

إنذار

alarme

اعتداء

assalto

هجوم

ataque

خطر

perigo

مخرج طوارئ

saída de emergência

حريق!

Fogo!

جهاز الإطفاء

extintor de incêndios

حادث

acidente

حقيبة الإسعاف الأولى

maleta de primeiros
socorros

أنقذونا

SOS

الشرطة

polícia

أوروبا

Europa

أمريكا الشمالية

América do Norte

أمريكا الجنوبية

América do Sul

أفريقيا

África

آسيا

Ásia

أستراليا

Austrália

المحيط الأطلسي

Atlântico

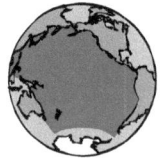

المحيط الهادي

Pacífico

المحيط الهندي

Oceano Índico

المحيط المتجمد الجنوبي

Oceano Antártico

المحيط المتجمد الشمالي

Oceano Ártico

القطب الشمالي

Polo Norte

القطب الجنوبي

Polo Sul

منطقة القطب الجنوبي

Antártica

أرض

Terra

بر

terra

بحر

mar

جزيرة

ilha

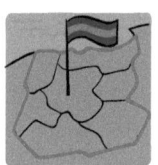

أمة

nação

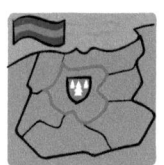

دولة

estado

ميناء الساعة

mostrador do relógio

عقرب الساعات

ponteiro das horas

عقرب الدقائق

ponteiro dos minutos

عقرب الثواني

ponteiro dos segundos

كم الساعة الآن؟

Que horas são?

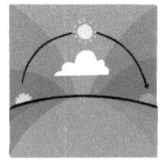

يوم

dia

زمن

tempo

الآن

agora

ساعة رقمية

relógio digital

دقيقة

minuto

ساعة

hora

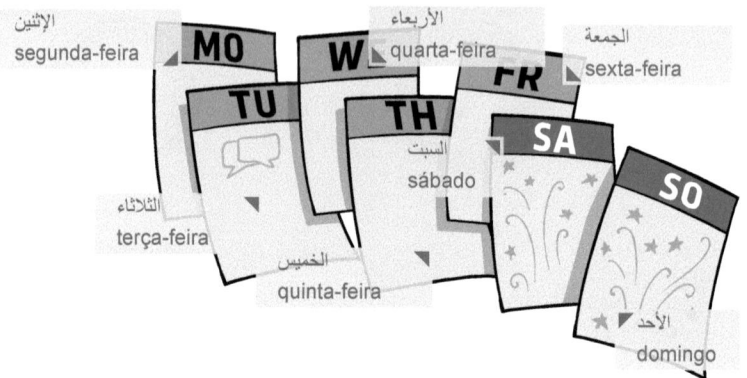

الإثنين
segunda-feira

الأربعاء
quarta-feira

الجمعة
sexta-feira

الثلاثاء
terça-feira

الخميس
quinta-feira

السبت
sábado

الأحد
domingo

الأمس
ontem

اليوم
hoje

غداً
amanhã

الصباح
manhã

الظهر
meio-dia

المساء
entardecer

MO	TU	WE	TH	FR	SA	SU
1	2	3	4	5	6	7
8	9	10	11	12	13	14
15	16	17	18	19	20	21
22	23	24	25	26	27	28
29	30	31	1	2	3	4

أيام العمل
dias úteis

MO	TU	WE	TH	FR	SA	SU
1	2	3	4	5	6	7
8	9	10	11	12	13	14
15	16	17	18	19	20	21
22	23	24	25	26	27	28
29	30	31	1	2	3	4

نهاية الأسبوع
fim de semana

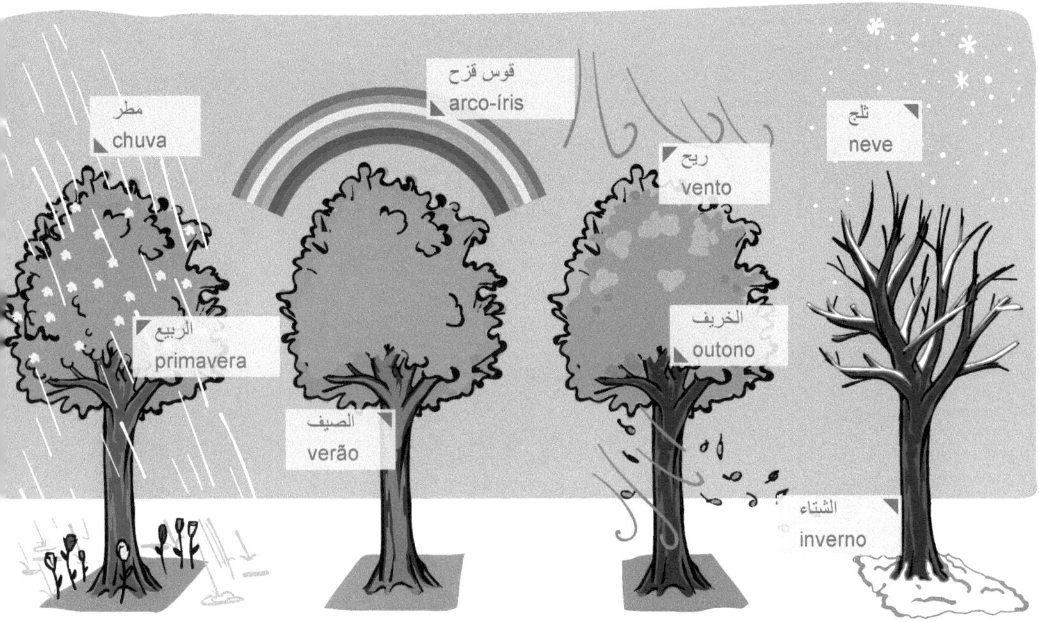
قوس قزح
arco-íris
مطر
chuva
ثلج
neve
ريح
vento
الربيع
primavera
الخريف
outono
الصيف
verão
الشتاء
inverno

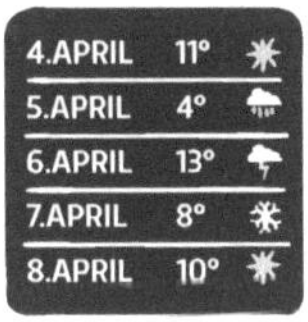
4.APRIL 11°
5.APRIL 4°
6.APRIL 13°
7.APRIL 8°
8.APRIL 10°

التنبّؤ بالحالة الجوية
....
previsão do tempo

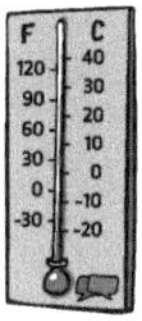
F C
120 40
90 30
60 20
30 10
0 0
-30 -10
-20

مقياس حرارة
....
termômetro

ضوء الشمس
....
raio de sol

سحابة
....
nuvem

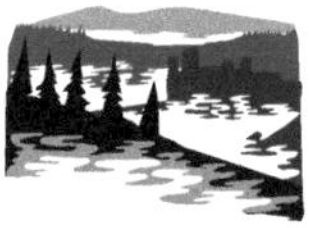

ضباب
....
neblina / nevoeiro

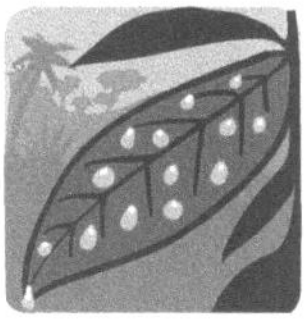

رطوبة الجو
....
umidade do ar

برق
....
relâmpago

رعد
....
trovão

عاصفة
....
tempestade

بَرَد
....
granizo

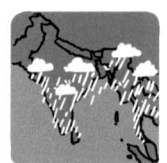

ريح موسمية
....
monção

طوفان
....
inundação

جليد
....
gelo

كانون الثاني / يناير
....
janeiro

شباط / فبراير
....
fevereiro

آذار / مارس
....
março

نيسان / أبريل
....
abril

أيار / مايو
....
maio

حزيران / يونيو
....
junho

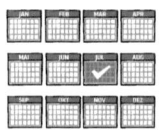

تموز / يوليو
....
julho

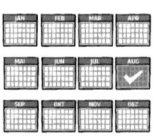

آب / أغسطس
....
agosto

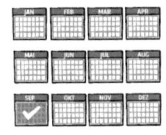

أيلول / سبتمبر
....
setembro

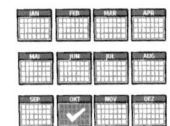

تشرين الأول / أكتوبر
....
outubro

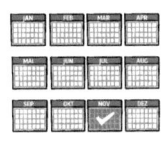

تشرين الثاني / نوفمبر
....
novembro

كانون الأول / ديسمبر
....
dezembro

formas

دائرة
....
círculo

مربع
....
quadrado

مستطيل
....
retângulo

مثلث
....
triângulo

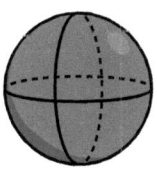

كرة
....
esfera

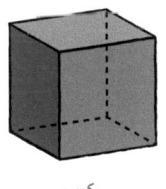

مكعب
....
cubo

أبيض

branco

أصفر

amarelo

برتقالي

laranja

وردي

rosa

أحمر

vermelho

بنفسجي

lilás

أزرق

azul

أخضر

verde

بني

marrom

رمادي

cinza

أسود

preto

كثير / قليل

muito / pouco

غضبان / هادئ

furioso / tranquilo

جميل / قبيح

lindo / feio

بداية / نهاية

começo / fim

كبير / صغير

grande / pequeno

فاتح / قاتم

claro / escuro

أخ / أخت

irmão / irmã

نظيف / وسخ

limpo / sujo

كامل / ناقص

completo / incompleto

نهار / ليل

dia / noite

ميّت / حيّ

morto / vivo

عريض / ضيّق

largo / estreito

صالح للأكل / غير صالح

comestível / não comestível

شرّير / لطيف

mau / gentil

مثير / ممل

entusiasmado / entediado

سمين / نحيف

gordo / magro

أولاً / أخيراً

primeiro / último

صديق / عدو

amigo / inimigo

مليء / فارغ

cheio / vazio

صلب / لين

duro / macio

ثقيل / خفيف

pesado / leve

جوع / عطش

fome / sede

مريض / صحيح

doente / saudável

غير شرعي / شرعي

ilegal / legal

ذكي / غبي

inteligente / idiota

يسار / يمين

esquerda / direita

قريب / بعيد

perto / longe

جديد / مستعمل

novo / usado

لا شيء / بعض الشيء

nada / alguma coisa

مسن / شاب

velho / jovem

يشعل / يطفئ

ligado / desligado

مفتوح / مغلق

aberto / fechado

خافت / عال

baixo / alto

غني / فقير

rico / pobre

صح / خطأ

certo / errado

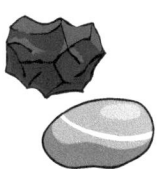

أحرش / املس

áspero / liso

حزين / سعيد

triste / feliz

قصير / طويل

curto / longo

بطيء / سريع

lento / rápido

مبلول / جاف

molhado / seco

ساخن / بارد

ameno / fresco

حرب / سلم

guerra / paz

0

صفر

zero

1

واحد

um

2

اثنان

dois

3

ثلاثة

três

4

أربعة

quatro

5

خمسة

cinco

6

ستة

seis

7

سبعة

sete

8

ثمانية

oito

9

تسعة

nove

10

عشرة

dez

11

أحد عشر

onze

12
اثنا عشر
doze

13
ثلاثة عشر
treze

14
أربعة عشر
quatorze

15
خمسة عشر
quinze

16
ستة عشر
dezesseis

17
سبعة عشر
dezessete

18
ثمانية عشر
dezoito

19
تسعة عشر
dezenove

20
عشرون
vinte

100
مائة
cem

1.000
ألف
mil

1.000.000
مليون
milhão

الإنكليزية

inglês

الإنكليزية الأمريكية

inglês americano

لغة ماندارين الصينية

chinês mandarim

الهندية

hindi

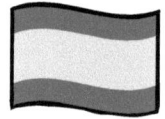

الإسبانية

espanhol

الفرنسية

francês

العربية

árabe

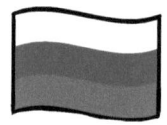

الروسية

russo

البرتغالية

português

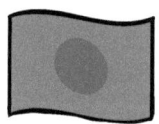

البنغالية

bengalês

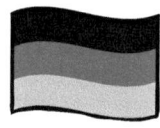

الألمانية

alemão

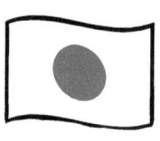

اليابانية

japonês

أنا

eu

أنتَ

você

هو / هي

ele / ela

نحن

nós

أنتم

vocês

هم

eles / elas

مَن؟

quem?

ماذا؟

O quê?

كيف؟

como?

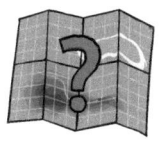

أين؟

onde?

متى؟

Quando?

اسم

nome

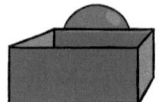

خلف
....
atrás

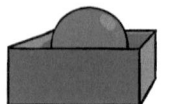

في
....
em

أمام
....
na frente de

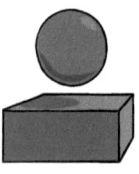

فوق
....
sobre

على
....
em cima

تحت
....
debaixo

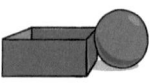

جنب
....
do lado

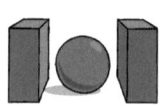

بين
....
entre

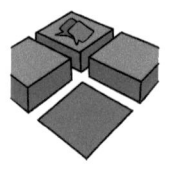

مكان
....
lugar